리락쿠마 언제나 있어요

글·그림 **콘도우 아키**

이 책을 읽는 방법

곁에 두고, 좋아하는 시간에
좋아하는 페이지를 열어보세요.
물론 처음부터 읽어도 괜찮아요.

책을 펼치면,
리락쿠마와 친구들이 있어요.
언제, 어디에서라도
리락쿠마 친구들과 만날 수 있답니다.

목표가 없는 시작은 없어요.

먼저 웃어볼까요.

열어보지 않으면
모르는 법이에요.

무언의 저항.

거부할래

알아봐주는 사람은
분명 있어요.

쉽고 편한 길을
걷지 않아도 괜찮아요.

언제나 함께 있는 건
나 자신이에요.

평화로운 기분으로
행복한 시간을

정신을 차려보니 어느새
완성되어 있는 것도 있지요.

인연이라면 몇 번이고
다시 이어질 수 있어요.

아이든 어른이든
울고 싶어질 때가 있죠.

좋은 일이나 나쁜 일은
갑자기 일어나요.

무엇을 볼 것인가는
자신의 선택이에요.

야호-

뒤를 봐
뒤를

기분 좋잖아요.

지치면
슬픔이 커지니까요.

가끔은 감정을
표현하는 게 좋아요.

잊을 수 없을 땐
구석에 넣어두세요.

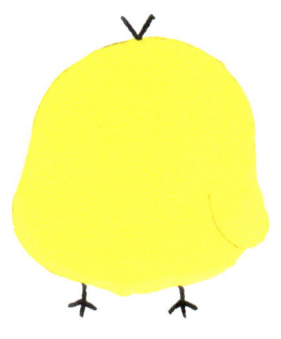

마음 한구석에
가득…

자신의 모습은
스스로가 만든 거예요.

가끔은
수리도 필요해요.

오래 써야지

가까이 있어도
보이지 않기도 해요.

아무것도
생각하지 말고 있어보세요.

머리도
쉬어주지 않으면…

나를 잊는 행복.

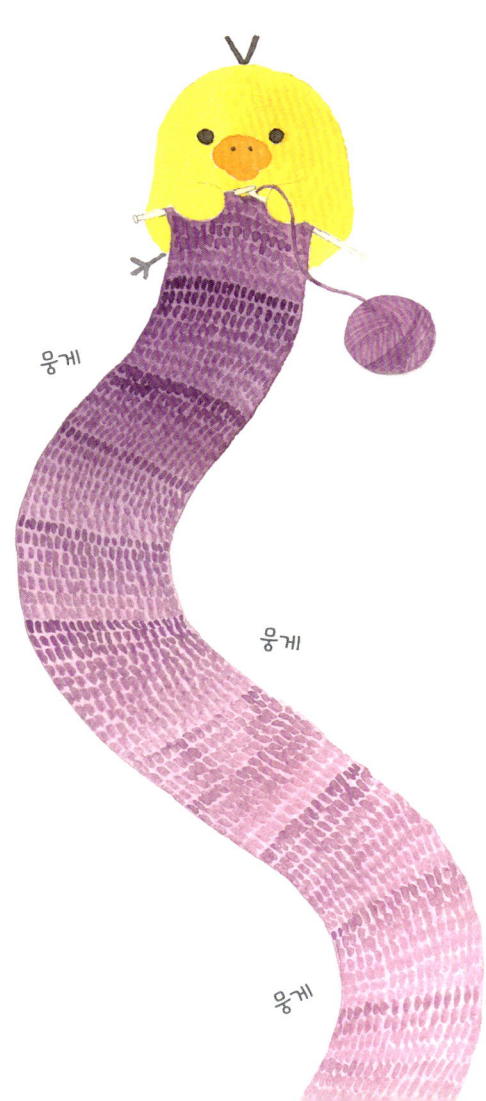

내려놓았기 때문에
새로운 것을 잡을 수 있는 거랍니다.

입에
넣어줘…

자자.
자러 가자.

몇 살이든
처음은 있어요.

꾸엑-

서둘러서 보이는 것이 있고,
서두르지 않아서 보이는 것도 있어요.

나만의 은신처.

알 수 없는 게 당연히 더 많은 법이에요.

왜
두 가닥인 걸까…

지금은 힘들어도 시간이 지나면
즐거웠던 일로 기억될 거예요.

적당한 거리를
찾으세요.

마음이 눈을 감고
있는 것뿐이에요.

전부 내 마음대로
되지 않아

가만히 내버려두는 것도
배려예요.

스스로 할 수 없을 때는
타인의 도움을 받아도 괜찮아요.

힘이
넘치네…

인생은
미리 알 수 없는 것투성이인걸요.

설마
이렇게나

어떻게 볼지는 자신에게 달려있어요.

맡기는 것도
괜찮아요.

힘은 만드는 것이 아니라
서서히 생기는 거예요.

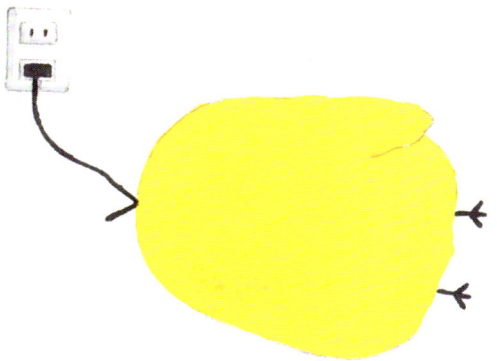

좋아하는 것의 수만큼
싱글벙글.

싸웠기 때문에
화해할 수 있어요.

열심히 했으니까 쉬세요.

가끔은 화내는 것도
나쁘지 않고요.

거리를 두는 것도
방법이에요.

결과만 신경 쓰면
아무것도 시작할 수 없어요.

다칠 것 같은
느낌이 들어…

닿을 수 없는 것도 있죠.

날개를 펼쳐보아요.

무엇이든 잘되지 않는
날도 있어요.

보이지 않겠지만
열심히 하고 있어요.

이렇게 보여도 열심히
소화시키고 있어…

모르는 것은
모르는 채로 두어도 괜찮아요.

꺾여도 피어날 수 있어요.

오래 기다리게 하면
미안하잖아요.

소중한 기억은
사라지지 않아요.

구름이 끼고 비가 내리고 나면 날씨가 좋아져요.

누군가와 함께 있기 때문에
웃기도 하고 화내기도 하는 것이죠.

고마워.

RILAKKUMA ITSUMO IMASU
ⓒ 2016 San-X Co., Ltd. All Rights Reserved.
Originally published in Japan in 2016
by SHUFU TO SEIKATSU SHA CO., LTD., TOKYO,
Korean translation rights arranged
with SHUFU TO SEIKATSU SHA CO., LTD., TOKYO,
through TOHAN CORPORATION, TOKYO,
and Eric Yang Agency, SEOUL.

리락쿠마 언제나 있어요

1판 1쇄 인쇄 2019년 4월 1일
1판 1쇄 발행 2019년 4월 15일

글·그림 콘도우 아키

발행인 양원석 **본부장** 김순미 **편집장** 최두은 **책임편집** 차선화
디자인 RHK 디자인연구소 박진영 **제작** 문태일, 안성현
영업마케팅 최창규, 김용환, 정주호, 양정길, 이은혜, 조아라,
신우섭, 유가형, 김유정, 임도진, 정문희, 신예은

펴낸 곳 ㈜알에이치코리아
주소 서울시 금천구 가산디지털2로 53, 20층 (가산동, 한라시그마밸리)
편집문의 02-6443-8861 **구입문의** 02-6443-8838
홈페이지 http://rhk.co.kr **등록** 2004년 1월 15일 제2-3726호

ISBN 978-89-255-6596-5 (03800)

※ 이 책은 ㈜알에이치코리아가 저작권자와의 계약에 따라 발행한 것이므로
본사의 서면 허락 없이는 어떠한 형태나 수단으로도 이 책의 내용을 이용하지 못합니다.

※ 잘못된 책은 구입하신 서점에서 바꾸어 드립니다.

※ 책값은 뒤표지에 있습니다.

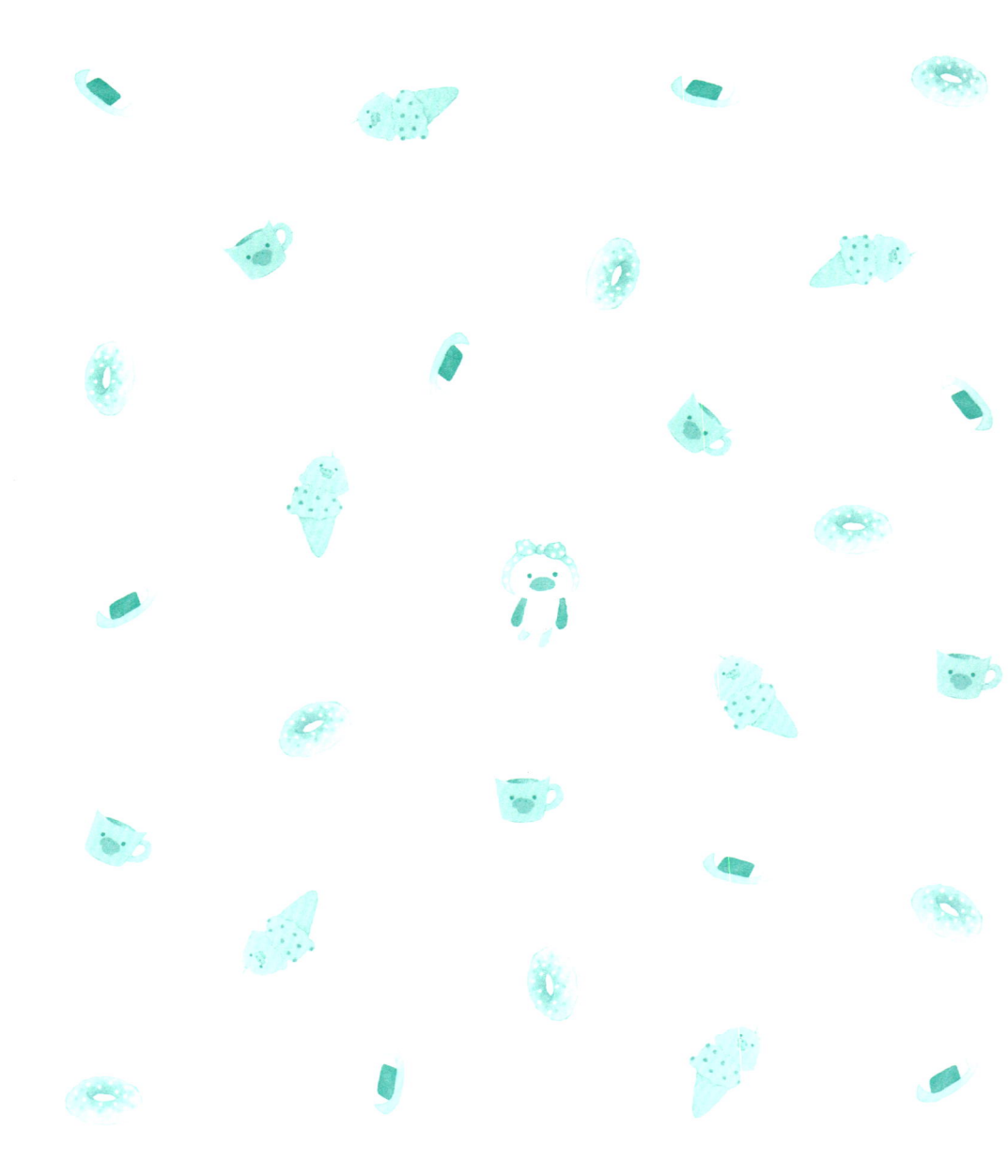